LA RÉALISATION
D'UN FILM

DEBORAH FOX

L'élan vert • Hurtubise HMH

© Evans Brothers Limited, London, 1999.
Titre original : *Making a Film*.
© L'Élan vert, Paris, 2000,
pour l'édition en langue française.
Traduction : Jacques Canezza.
Dépôt légal : février 2000, Bibliothèque nationale.
ISBN 2-84455-077-0

Exclusivité au Canada :
© Éditions Hurtubise HMH
1815, avenue De Lorimier
Montréal (Québec)
H2K 3W6 Canada
Dépôt légal : février 2000,
Bibliothèque nationale du Québec,
Bibliothèque nationale du Canada.
ISBN 2-89428-402-0

Couverture : (en haut à droite) un chariot où est installée une
caméra ; (en bas à droite) des rails sur lesquels est déplacée
une caméra.

Imprimé à Hong Kong.

SOMMAIRE

Obtenir le feu vert

Je m'appelle Kévin et j'ai un rôle dans le film *Bonne Nuit, M. Tom* (*Good night Mr Tom*, en anglais). J'interprète un jeune garçon, Willie, qui est évacué de Londres pendant la Seconde Guerre mondiale. Il est envoyé à la campagne chez un vieil homme qui s'appelle Tom. J'étais vraiment très heureux quand j'ai obtenu ce rôle parce qu'il est passionnant.

Apporter l'idée

Le producteur délégué a eu l'idée de ce film. Pour que le film soit diffusé à la télévision, le producteur s'est assuré qu'une chaîne de télévision accepterait de le coproduire. Le producteur délégué a nommé un directeur de production chargé de faire respecter les délais et le budget de fabrication du film.

Le réalisateur nous explique une scène à John (à gauche), qui joue le rôle de Tom, et à moi.

Ce film est tiré d'un livre. Le producteur délégué a fait appel à un scénariste qui a rédigé un scénario à partir du roman.

Le réalisateur

Le producteur choisit un réalisateur pour faire le film. Quand le réalisateur a lu le scénario, il a ressenti le besoin de faire quelques modifications. Pendant que le scénariste revoyait le scénario, le producteur et le réalisateur ont trouvé les lieux de tournage, ont engagé l'équipe et distribué les rôles.

La distribution

Le directeur de la distribution (*casting*) fait une liste d'acteurs pour les différents rôles. J'ai rencontré la directrice de la distribution l'an dernier alors que je jouais au théâtre. Elle m'a présenté au producteur et au réalisateur. Nous avons parlé du rôle et j'ai lu quelques scènes à voix haute. Je les ai convaincus que je pouvais tenir le rôle.

Lexique

Une prise : enregistrement sur pellicule d'un plan d'un film ; on fait en général plusieurs prises d'un même plan ;
Un plan : un film est constitué de plusieurs plans ; chaque plan est composé d'une suite continue d'images enregistrées au cours d'une prise.

J'ai onze ans. J'ai commencé à chanter, à danser et à jouer la comédie à sept ans. Je fais partie d'un club de théâtre. Il me faut une autorisation spéciale pour faire du théâtre et jouer dans des films, car je vais encore à l'école.

Kévin, acteur

Ecole Jean Leman
4 ave Champagne
Candiac, Qué
J5R 4W3

9

La réalisation

La réalisation d'un film nécessite la mise en œuvre de techniques et de talents multiples dont la coordination est assurée par le réalisateur. Celui-ci découpe les scènes du scénario en différents plans et décide comment tourner chacun d'entre eux. Notre film comporte environ cinq cents plans qui seront filmés en six semaines dans plusieurs sites.

Le repérage

Le régisseur d'extérieurs devait repérer les différents lieux et décors naturels du tournage en suivant les indications données dans le scénario. La maison où

▲ Le lieu de tournage dans le village. Le mauvais temps peut provoquer des retards dans le plan de travail. Les caméras doivent être protégées de la pluie.

◀ Les électriciens installent le système électrique qui alimentera toutes les lumières, avant de filmer dans une gare.

vit Tom est dans un petit village.
Trois villages pouvaient convenir. Après
les avoir visités, le réalisateur a fixé
son choix.

> Les maisons de ce village sont pleines
> de charme, mais nous devons imaginer
> comment elles étaient en 1940. Nous
> ne pouvons pas montrer d'antennes
> de télévision ou quoi que ce soit qui
> paraisse trop moderne.
>
> Rodolphe, régisseur d'extérieurs

Les assistants réalisateurs

Le réalisateur a une telle charge
de travail qu'il est secondé par des
assistants. Le premier assistant l'aide
à organiser le tournage. Après le
dépouillement du scénario, il établit un
plan de travail qui répartit le tournage
par grandes tranches, en regroupant
les scènes selon les lieux et les conditions
de tournage. Pour chaque scène, il doit
prévoir les décors, les interventions des
acteurs et des figurants, les accessoires,
les costumes, les effets spéciaux et les
demandes à transmettre aux différents
corps de métiers du film. Le second
assistant réalisateur organise les
travaux de secrétariat et l'embauche
des figurants. Le troisième assistant
réalisateur s'occupe, sur le plateau de
tournage, de la coordination des acteurs
et de la disposition des accessoires.

◀ Le réalisateur,
à droite, détermine
avec son premier
assistant l'endroit
où il voudrait voir
installer les caméras
pour la scène suivante.

Les décors

La tâche du chef décorateur consiste à recréer le monde décrit dans le scénario. Cela peut demander des semaines de préparation. Le chef décorateur conçoit le décor de chaque scène, l'intérieur de la maison de Tom ou une gare de chemin de fer. L'équipe de décorateurs et les accessoiristes s'assurent que chaque scène ressemble exactement à ce qu'a décidé le chef décorateur.

Avant le tournage, les constructeurs mettent tous les décors en place.

Créer l'illusion

Le décorateur et les accessoiristes ont loué quelques accessoires tels que

▲ L'équipe de constructeurs a monté un abri antiaérien dans le jardin de la maison. Cela a demandé une demi-journée de travail.

◄ La gare doit ressembler à une gare des années 40. Il faut peindre certaines parties du train, coller des affiches dans la gare et mettre la pendule à l'heure correspondant à la scène qui doit être filmée un peu plus tard.

des meubles, des bicyclettes et un train à vapeur. Ils ont dû aussi en faire fabriquer certains, des pierres tombales, par exemple. Ces pierres tombales neuves sont en plâtre et peuvent être manipulées sans difficulté. L'une de ces pierres doit paraître très ancienne alors un peintre de plateau la retouche pour la vieillir. Une assistante décoratrice plante des touffes d'herbe pour donner l'impression que la tombe est envahie par la végétation.

▼ *Des rails sont installés derrière la pierre tombale afin que la caméra puisse s'en approcher sans à-coups.*

Les costumes et le maquillage

Une cinquantaine de figurants ont été engagés pour les scènes de la gare. Ils arrivent très tôt afin de faire les derniers essayages et pour se faire maquiller. L'équipe des costumiers ayant la liste de tous les figurants et les mensurations de chacun, a créé ou commandé un costume pour chacun d'entre eux.

> Avant tout, je lis le scénario. Je prends des notes sur le moment de la journée où se passe chaque scène, sur ce que portent les personnages et sur les changements de vêtements. Je dispose de cinq semaines pour m'informer de la mode de l'époque et pour rassembler tous les costumes.
>
> Lise, costumière

▲ ▼ Une pièce a été aménagée afin que les habilleurs aident les figurants à revêtir leurs costumes.

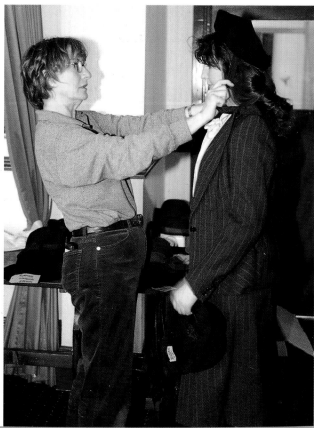

J'ai été engagé par le premier assistant réalisateur. Je m'occupe des travaux de secrétariat et du recrutement des figurants pour tourner les scènes. Chaque jour, je le tiens au courant de ce que j'ai fait.

Marc, second assistant réalisateur

Les coiffures et le maquillage

Le coiffeur et le maquilleur font des recherches sur les coiffures et le maquillage des années 40.

▼ Dernière retouche à la coiffure avant le tournage.

La continuité

Dans l'une des scènes du film, j'ai beaucoup de coupures et d'éraflures. Laure, qui me maquille, doit les dessiner de façon réaliste. Les habilleurs et les maquilleurs prennent beaucoup de photos des acteurs dans chaque scène afin d'assurer la continuité de tous les plans. Si une scène doit être refilmée, ils peuvent ainsi regarder les photos pour vérifier si les personnages sont identiques à une prise précédente.

Les prises de vues

▲ L'équipe de prises de vues utilise ma doublure comme repère pendant l'installation de la caméra.

▼ Me voici face à la caméra, prêt pour les répétitions.

Avant les répétitions, les machinistes installent la caméra. Pour cette mise en place, qui peut prendre un certain temps, ils font appel aux doublures des acteurs.

Le directeur de la photographie

Le directeur de la photographie supervise le travail de l'équipe de prises de vues composée des cadreurs, des machinistes et des électriciens. Il détermine, avec le réalisateur, comment filmer et éclairer la scène. Les cadreurs exécutent les prises de vues demandées par le directeur de la photographie : un gros plan pour se concentrer sur le visage d'un acteur, un plan général pour filmer l'action de loin ou une plongée pour la filmer du dessus au moyen d'une grue. Les cadreurs indiquent aux machinistes les déplacements de la grue et du chariot de travelling.

Les travellings

Les machinistes ne peuvent pas se contenter de pousser la caméra sur le

Le directeur de la photographie regarde dans le viseur de la caméra pour s'assurer que le cadrage de la prise lui convient.

Les décorateurs créent de merveilleux décors et notre travail consiste à en tirer le meilleur parti. Pour ce film, nous avons travaillé sur des lieux de tournage minuscules. Il était difficile de faire entrer les électriciens et toute l'équipe de prises de vues dont nous avions besoin, dans de petites pièces.

Sylvain, directeur de la photographie

sol, car elle serait sensible au moindre obstacle. Il faut donc l'installer sur des rails spéciaux. Elle peut aussi être montée sur un véhicule spécial qui se déplace à une vitesse maximale de quatre-vingt-dix kilomètres à l'heure.

Lexique

Le cadreur : il exécute les prises de vues.

Le machiniste : il effectue les déplacements de la caméra.

Le pointeur : il effectue la mise au point des objectifs.

Le clapman : il est chargé du maniement de la claquette et du chargement de la caméra.

L'assistant vidéo : il installe l'écran du réalisateur et dresse la liste de toutes les prises de vues.

Le machiniste déplace doucement la caméra sur les rails. Il vaporise parfois un produit spécial, sur les roues, qui les empêche de grincer. Les rails sont maintenus en place par des cales de bois.

Les répétitions

« En place pour la répétition », crie le premier assistant réalisateur. Je dois regagner ma place. Le réalisateur m'observe pendant que je récite mon texte. Il me fait souvent des suggestions sur le ton à employer ou sur l'endroit où je me tiens. Je dois parler avec un accent ; un répétiteur m'aide pour le rythme et la prononciation. Il écoute le dialogue dans son casque.

▲ ▶ Le réalisateur nous explique une scène, à l'actrice qui joue le rôle de ma mère et à moi. Des accessoiristes nous ont donné des étuis de masque à gaz.

Un accessoiriste répand de la fumée sous le train.

Les effets spéciaux

Pendant les scènes de la gare, le réalisateur veut que la locomotive à vapeur laisse échapper un nuage de fumée en arrivant en gare. Pour créer cette fumée, les accessoiristes utilisent un appareil appelé fumigène.

Des accessoiristes trient une pile de valises qui seront à l'arrière-plan de l'une des scènes.

Les accessoiristes

Les accessoiristes réunissent tous les objets du décor. Les accessoiristes de plateau fournissent plus particulièrement aux acteurs leurs objets personnels, tels que les étuis de masques à gaz, les cigarettes et les valises.

Action...

Après deux ou trois répétitions, le réalisateur déclare que le tournage peut commencer. Sur le plateau, tout le monde observe un silence total, car l'ingénieur du son enregistre la moindre toux ou le moindre chuchotement. Lorsque nous filmons dans le village, les voitures qui s'approchent du plateau de tournage sont arrêtées parce que le micro pourrait capter le bruit des moteurs. Quand le premier assistant réalisateur crie « Moteur ! » le cadreur met en marche sa caméra. Puis, l'ingénieur du son crie à son tour : « On tourne ! » ce qui signale que l'appareil d'enregistrement du son fonctionne correctement.

▲ À côté de l'ingénieur du son, le réalisateur regarde sur son écran de contrôle ce que filme la caméra.

▶ La claquette (ou clap) fournit les références du plan qui va être tourné.

Enfin, le réalisateur indique aux acteurs que le tournage commence en criant : « Action ! ».

Suivre le tournage

Le réalisateur visionne tout ce qui est filmé par la caméra sur son écran de contrôle. Avec l'ingénieur du son, ils écoutent le dialogue et les bruits de fond dans leurs casques. L'ingénieur du son fait équipe avec le perchiste qui dirige le micro vers les acteurs.

J'enregistre les dialogues pendant que les cadreurs filment la scène. Le perchiste tend son micro, suspendu au bout d'une perche au-dessus des acteurs. Les bruits de fond parasites causent parfois un problème. En filmant, nous enregistrons habituellement 90 % du son. Mais, s'il y a un bruit de fond indésirable, j'enregistre un son guide et les dialogues seront enregistrés à nouveau en postsynchronisation.

Brice, ingénieur du son

◀ Des techniciens du son attachent un micro-cravate à ma chemise, car je parle moins fort que les autres acteurs dans ces scènes. Le microphone émetteur permet de capter plus distinctement ma voix.

...coupez !

À la troisième prise, le réalisateur est satisfait du résultat. C'est l'heure du déjeuner. Aujourd'hui, les traiteurs cuisinent pour plus de 140 personnes. Après le déjeuner, je consacre un peu de temps au travail scolaire dans une caravane qui m'est réservée sur le lieu de tournage.

◀ Jeanne, ma préceptrice, me donne trois heures de cours chaque jour.

◀ Les électriciens montent un projecteur de 6000 watts devant une fenêtre de la maison pour augmenter la lumière du plan.

▲ Ces rouleaux de plastique coloré sont des filtres. On les fixe sur la source de lumière pour varier les effets. Les filtres orange produisent une lumière plus chaude et les bleus reproduisent la lumière solaire.

L'installation des projecteurs

Chaque scène doit être assez lumineuse pour éclairer l'ensemble des acteurs. La plupart des scènes en extérieur ont été filmées à la lumière du jour, mais on a utilisé des projecteurs pour quelques scènes de nuit. La lumière naturelle est trop faible pour les scènes d'intérieur ; des projecteurs sont donc nécessaires pour éclairer les acteurs et le décor.

Les électriciens

Les électros : surnom familier des électriciens. Ils installent et font fonctionner les projecteurs.

Le chef électricien : il supervise l'installation et le fonctionnement des projecteurs.

Le groupiste (ou groupman) : est responsable du générateur fournissant l'électricité pour l'éclairage.

◀ L'équipe de prises de vues a besoin de plus de lumière pour une scène à l'intérieur du train. L'immense panneau blanc réfléchit de la lumière dans le wagon.

Les scènes finales

La maquilleuse me dessine une coupure sur le genou pour la scène où je descends la colline à vélo. La coiffeuse vient juste de me couper les cheveux, car ils sont plus courts dans cette partie du film.

La scripte

Si j'oublie une réplique pendant les répétitions, la scripte me la souffle. Dans le découpage technique, elle relève également tous les renseignements sur

> C'est un métier vraiment intéressant, car je suis impliquée dès la réception du scénario. Je le lis pour m'assurer qu'il fait la bonne longueur. Si le scénario est trop long, le scénariste devra le raccourcir. Je dois être très attentive et prendre énormément de notes.
>
> Pauline, scripte

▲ La maquilleuse me dessine une coupure au genou en utilisant une éponge et de la teinture.

▶ Quand les prises ont été filmées, la scripte note la longueur des scènes, le diamètre des objectifs des caméras et éventuellement la prise que le réalisateur préfère.

les vêtements et les accessoires. Elle note aussi tous les détails des prises de vues afin d'assurer la continuité des plans. Elle indique aussi toutes les remarques du réalisateur.

Les épreuves de tournage

En fin de journée, les plans enregistrés par l'équipe de prises de vues sont confiés au chef monteur. Il synchronise les images et le son afin que chacun apprécie le résultat. Ce film, appelé épreuve de tournage ou *rushes* est soumis au réalisateur et au producteur. S'ils n'en sont pas satisfaits, des plans peuvent être tournés à nouveau.

▼ *Les marques à la craie indiquent l'endroit où je dois m'arrêter. La cale placée sous la roue empêche le vélo d'avancer pendant qu'ils me filment en train de parler à Tom. Les volets fixés autour de l'objectif de la caméra le protègent d'un excès de lumière.*

Après le tournage

Le travail de montage commence quand le tournage est achevé. Deux jours suffisent au monteur pour coller à la suite et dans l'ordre de l'action les plans retenus. Cette première copie est appelée « bout-à-bout ».

▲ Quand les épreuves de tournage arrivent après une journée de travail, le monteur fait apparaître, sur son ordinateur, les différentes prises d'une même scène.

Du bout-à-bout à la version définitive

Le réalisateur visionne le « bout-à-bout », puis travaille avec le monteur pour sélectionner les plans définitifs du film. Le montage permet d'assembler les scènes dans l'ordre prévu par le scénario et de donner ainsi son rythme au film. C'est à ce moment que le film

Je fais le montage du film sur ordinateur. Je choisis les plus belles images pour raconter l'histoire. Je consulte mes notes et celles de la scripte sur le nombre de prises et sur le choix des angles possibles.

Laurent, monteur

La musique

La musique est très importante dans les films, car elle crée des atmosphères et provoque des sentiments. Un compositeur est engagé ; son travail commence lorsque le producteur a accepté la version définitive du montage. Le compositeur se rend au studio pour déterminer à quels moments la musique doit intervenir et quel genre de musique il doit composer.

est mis à la durée requise, 102 minutes. Après trois semaines de travail intense pendant lesquelles ils examinent chaque scène, chaque prise, ils sont prêts à montrer ce film au producteur. Celui-ci discute avec eux de changements possibles.

▼ Le monteur utilise deux écrans d'ordinateur. L'écran de gauche montre un logiciel de classement des images.

▲ Le monteur et le réalisateur visionnent une scène du film et envisagent l'utilisation d'un gros plan.

Les dernières étapes

Dès que tout le monde est satisfait de la musique, les musiciens l'enregistrent. L'ingénieur du son vérifie la qualité de la bande son du film. Il doit ajouter des bruitages, tels une porte qui claque ou les pleurs d'un bébé. Ces bruits sont enregistrés séparément puis ajoutés à la bande son. Ensuite, la qualité de la bande image est vérifiée par un laboratoire.

Une des scènes, supposée se passer à l'aube, n'a pu être filmée à ce moment de la journée. Les techniciens du laboratoire changent alors la couleur sur la pellicule pour recréer les lumières de l'aube. Enfin, les graphistes dessinent les caractères des génériques du début et de la fin du film.

Je trouve que le fait de rassembler tous les éléments d'un film est magique parce que tout s'harmonise : les images, le son, la musique, tout !

Jacques, réalisateur

Deux mois ont passé depuis la fin du tournage, et le réalisateur peut souffler. L'équipe de promotion va maintenant prendre la relève et faire autant de publicité que possible pour le film, avant sa sortie sur les écrans. Je serai interviewé par l'attaché de presse pour parler de mon rôle.

Glossaire

accessoire : tout objet pouvant être manipulé, utilisé sur le plateau d'une scène de théâtre ou de cinéma.

attaché de presse : personne responsable de la publicité du film.

budget : somme d'argent accordée pour un projet particulier.

continuité : enchaînement logique des scènes du film qui doivent se succéder sans rupture.

décor : accessoires qui servent à établir le cadre d'une production théâtrale ou cinématographique.

dialogue : répliques ou conversations des comédiens dans un film ou dans une pièce.

directeur de la production : le responsable des aspects économiques et administratifs d'un film.

doublure : personne employée pour occuper la place d'un acteur pendant la préparation des caméras et des projecteurs.

épreuves de tournage (*rushes*) : copie des plans filmés pendant la journée qui permet à l'équipe d'apprécier le résultat des prises de vues.

figurant : acteur employé à titre temporaire, souvent pour une scène de foule.

générique : liste de toutes les personnes ayant participé à la production d'un film ou d'une émission de télévision.

montage : assemblage des images et des sons d'un film.

perche : tube télescopique permettant de placer le micro au-dessus des acteurs, hors du champ des caméras.

postsynchronisation : addition du son et de la parole après le tournage d'un film.

producteur délégué : le responsable juridique et financier du film. Il intervient aussi artistiquement sur le scénario, le *casting* et l'esprit du projet à l'origine duquel il peut se trouver.

scénario : texte d'un film destiné à être joué par des acteurs.

travelling : mouvement d'une caméra placée sur un chariot glissant sur des rails ou sur un véhicule.

réalisateur : le responsable de la préparation et de l'exécution d'un film.

Index